FOOTBALL STYLER

THOMAS LÖTZ Hrsg.

spielmacher
SCHÖNE FUSSBALLBÜCHER

"FASHIONS FADE, STYLE IS ETERNAL."

Yves Saint-Laurent

INHALT

- 12 **GEORGE BEST**
- 40 **RAUCHEN**
- 56 **GIRLS**
- 78 **AUTOS**
- 116 **GÜNTER NETZER**
- 146 **MODE**
- 182 **CRISTIANO RONALDO**
- 202 **HAARE**
- 236 **FANS**
- 264 **DAVID BECKHAM**

Dieses Buch ist all jenen gewidmet, die im Fußball immer schon mehr gesehen haben als nur das bloße Spiel mit seinen Ergebnissen, Systemen und Zufällen.

Football Styler sind jene Charaktere, die über den Fußball hinausweisen. Einzigartige Typen, die uns Betrachtern das Gefühl geben, daß es Bedeutsameres im Leben gibt als „Doppelsechs", „tief stehen" und „gut gegen den Ball arbeiten".

Football Styler ist eine Sammlung von über die letzten Jahrzehnte entstandenen Fotoaufnahmen, die keinen Wert auf Vollständigkeit legt, geschweige denn große Erklärungen anzubieten sucht.

Football Styler ist ein Buch für uns.

Enjoy.

Ohne ihn gäbe es dieses Buch nicht. Und ohne ihn hätten sich die Dinge in Sachen Football Style anders entwickelt. George Best war der erste Fußballprofi, der auch abseits des Platzes etwas hermachte. Dabei war Best ein ungeheuer aufregender Spieler, 1968 wurde er zu „Europas Fußballer des Jahres" gewählt. Doch ab Mitte 20 fand „El Beatle" die Spielwiesen außerhalb des Stadions ungleich attraktiver.

GEORGE

Wo Best war, war der Drink nicht weit. Bier, Schnaps – was immer rein ging. Und davon reichlich. Zu Beginn zeigten sich jede Menge hübscher Frauen an der Seite des stets im letzten Schick gekleideten Mannes. Doch als Bests Körper aufquoll, verschwanden die Frauen. Der Alkohol blieb, die smarten Anzüge wichen Ballonseidenoutfits. 2000 der erste Leber-Schaden, 2004 die Lebertransplantation. Auf die Bilder, die den Zerfall dieses sympathischen Jungen aus Belfast zeigen, haben wir in diesem Buch verzichtet.

„Wenn ich hässlich gewesen wäre", hat George Best einmal gesagt, „dann hättet ihr nie was von Pelé gehört." George Best starb am 25. November 2005. Er wurde 59 Jahre alt. Als seiner in den Stadien Großbritanniens mit einer Schweigeminute gedacht werden sollte, hielten das viele Fans nicht durch. Sie klatschten Beifall.

Ort unbekannt, 1967

Manchester, 1972

Manchester, 1970

o. A.

Las Vegas, 1978

Manchester, 1970

o. A.

Ort unbekannt, 1974

Marbella, 1972

Marbella, 1972

Marbella, 1972

Mallorca, 1969

London-Heathrow, 1976

London-Highbury, 1970

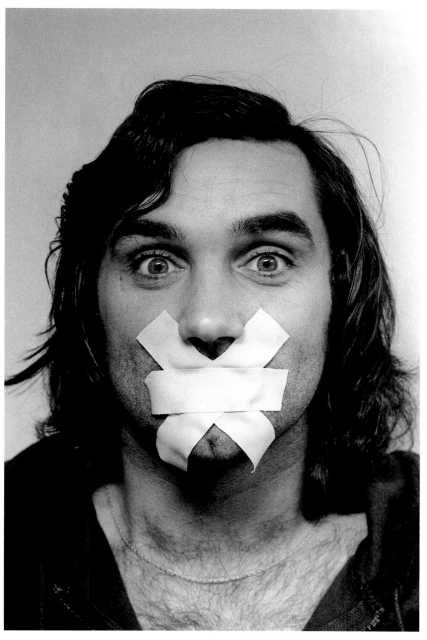

Ort unbekannt, 1976

Das öffentliche Rauchen ist in den letzten Jahren ja eine recht rückläufige Erscheinung. Zwar sieht man hin und wieder Menschen in dicken Mänteln an den Eingängen zu Bürogebäuden, die hektisch eine durchziehen. Aber: Welcher Trainer raucht denn heute schon noch am Spielfeldrand, um seine Nerven in den Griff zu kriegen?

RAUCHEN

Peter Neururer etwa hat die Qualmerei nach seinem Herzinfarkt als einer der Letzten dran gegeben. „Ich war der beste unbezahlte Marlboro-Werbeträger", hat Neururer immer behauptet. Jogi Löw raucht heimlich in der VIP-Zone, wo er sich unbeobachtet fühlt. Von Freiburgs Christian Streich weiß man, daß er Selbstgedrehte bevorzugt – aber eben auch nicht auf der Bank, sondern etwa im Raucherzimmer einer Freiburger Gaststätte.

Tja, was waren das noch für schöne Zeiten, als Typen wie Max Merkel, Ernst Happel oder auch Spieler wie Garrincha und Klaus Augenthaler sich ungeniert eine Kippe ansteckten. Wobei der stilvollste unter allen Fußball-Rauchern zweifelsfrei Cesar Luis Menotti war. „El Flaco" schmauchte so genüsslich, daß man beim Betrachten dieses Bildes auch heute noch eine Ahnung davon erhält, daß Rauchen mal eine richtige coole Sache war.

César Luis Menotti, 1983

Max Merkel, 1967

Peter Neururer, 1990

Brian Clough, 1969

Jack Charlton, 1970

Garrincha, undatiert

Ernst Kuzorra, 1959

Ernst Happel, 1982

Klaus Augenthaler, 1989

Markus Lotter, 2000

Das letzte große Akronym des Fußballs war: WAGs. 2002 erstmals urkundlich belegt, feierte der Begriff seine Hochzeit in der britischen Boulevardpresse während der Weltmeisterschaft 2006 in Deutschland. In vier Buchstaben fasst er die aus „Wives And Girlfriends" bestehende Entourage zunächst einmal der englischen Nationalmannschaft zusammen, also unter anderem Frauen wie Victoria Beckham, Cheryl Cole oder Coleen Roney.

GIRLS

Natürlich ist das Phänomen „Schöne Frauen und die Fußballer" – und das belegen die folgenden Motive nachdrücklich – schon länger eines. Und eines mit reichlich Dynamit, auch abseits der rein körperlichen Ebene. So verschafften sich Gaby Schuster und Martina Effenberg etwa den Ruf, knallhart zum Wohle ihrer Männer zu verhandeln. Aber nicht alle Spielerfrauen wollten auch am Verhandlungstisch sitzen.

In den letzten Jahren zeigt sich immer mehr, daß die Fußballerfrauen ihre eigene Karriere lancieren, wie etwa Schweinsteiger-Partnerin und Model Sarah Brandner. Oder tatsächlich längst viel berühmter sind als der dazugehörige Kicker, wofür Shakira der beste Beleg sein dürfte. Denn: Wer bitte kennt denn schon diesen Piqué?

Sara Carbonero (Freundin von Iker Casillas), Johannesburg, 2010

WAGs deutsche Nationalmannschaft, Berlin, 2006

Gaby Schuster (Ehefrau von Bernd Schuster), Ort unbekannt, 1981

Sarah Brandner (Freundin von Bastian Schweinsteiger), Berlin, 2008

Adriana Karembeu (Ehefrau von Christian Karembeu), Cannes, 2010

Shakira (Freundin von Gerard Piqué), Barcelona, 2013

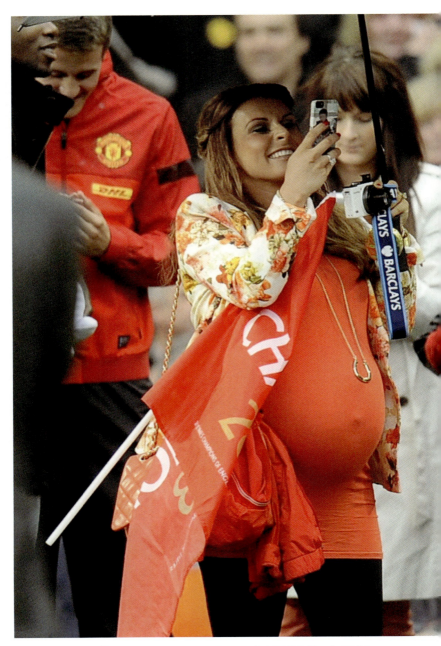

Coleen Rooney (Ehefrau von Wayne Rooney), Old Trafford, 2013

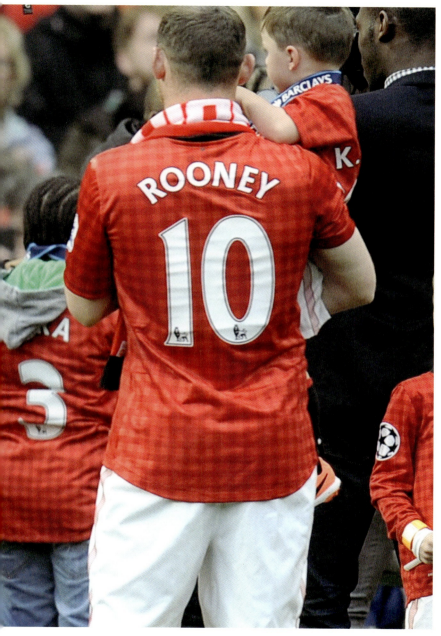

Sylvia Matthäus (Ehefrau von Lothar Matthäus), Mönchengladbach, 1981

Esther (Freundin von Jürgen Kohler), München, 1990

Ilka Seeler (Ehefrau von Uwe Seeler), Hamburg, 1986

Martina Effenberg (Ehefrau von Stefan Effenberg), München, 1998

Im Kontext Fußballprofi erfüllt das Auto zwei Aspekte: Es funktioniert als öffentliches Statusstatement und entspricht dem eigenen Testosteron-Wert, weswegen in der Regel Sportwagen mit großer Spritzigkeit bevorzugt werden. Im Rückschritt hingegen befindlich: die vulgäre Variante. Fette Zweisitzer italienischer Provenienz, die die jungen Herren bei den Tempolimits in ihren Wahlheimaten nur gegen Führerscheinentzug so richtig ausfahren können.

AUTOS

Es geht durchaus auch bescheidener, wie jenes Foto belegt, das den jungen Pierre Littbarski zeigt. Sein gebrauchter Honda Civic dürfte auf dem Spielerparkplatz eher für müdes Lächeln im Mannschaftskreis gesorgt haben. Mal ganz abgesehen von dem Verstoß gegen das ungeschriebene Gesetz, keine japanische „Reisschüssel", sondern lieber ein Fahrzeug solider deutscher Herstellung (Wiederverkaufswert!) sein eigen zu nennen.

Und wenn man so durch die Seiten dieses Kapitels blättert, fragt man sich, weshalb eigentlich die Spieler früherer Tage so selbstverständlich an und auf ihren Karossen posieren? Waren sie stolzer auf ihren Besitz als die heutige Generation? Oder lag es schlicht daran, daß ihr Klub damals keinen Sponsoringdeal mit einer Automarke hatte? Das sind so Fragen.

Johan Cruijff, Citroën SM, 1973

Klaus Toppmöller (und Freundin Roswitha), Ferrari Dino 246 GTS, 1980

Terry Neill (und Frau Sandra), Jaguar E-Type 4.2, 1970

Rudi Gutendorf, Mercedes 190 SL, 1964

Franz Beckenbauer, BMW Automatik 3.0 S, 1972

Sepp Maier, Jaguar XJ, 1977

Kevin Keegan, BMW 732i, 1982

Laurie Cunningham, Porsche 911, 1982

Ashley Cole und Frau Cheryl, Rolls Royce Corniche, 2006

Toni Schumacher, Opel Kadett Irmscher, 1980

Michael Rummenigge, Alfa Romeo GTV, 1983

Dieter Lieberwirth, VW Golf GTI, 1985

Herbert Waas, BMW 3er, 1984

Lothar Matthäus, BMW 6er, 1985

Jimmy Hartwig, BMW M1, 1979

Stephan Engels, Mercedes SL, 1982

Zlatan Ibrahimovic, Ferrari Enzo, 2010

Bastian Schweinsteiger, Audi A5 Cabriolet, 2007

Willi Schulz, BMW 1800, 1967

Djibril Cissé, Lamborghini Aventador 25, 2006

Pierre Littbarski, Honda Civic, 1983

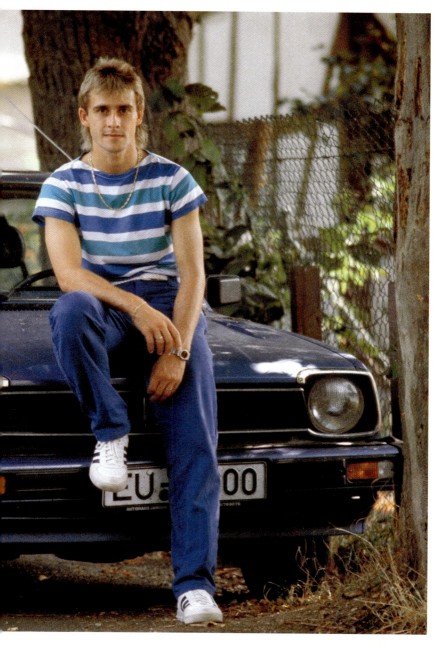

Olaf Thon, Pegasus, 1984

„Lovers' Lane" oder „La Laque". Bei seinen kurzen Ausflügen in die Gastronomie hatte Günter Netzer es irgendwie mit Doppel-L. Bei Autos bevorzugte der gebürtige Gladbacher lange Jahre über das Doppel-R: wie in „Ferrari". Sein Trainer Hennes Weisweiler hat weder die Diskos noch die Autos gern gesehen, war aber dagegen genauso machtlos wie 1973 im Pokalfinale gegen den 1. FC Köln, als Netzer sich selbstbestimmt einwechselte und mit dem Schienbein das entscheidende Tor markierte.

NETZER

Günter Netzer ist der einzige große Football Styler, den wir Deutschen je besessen haben. Er war superlässig mit seiner blonden Mähne, den aufgeknöpften Hemden und schmalen silbernen Kettchen. Selbst in der fragwürdigen Kombination Anzug/weiße Tennissocken sah er immer noch Lichtjahre besser aus als die meisten seiner Zeitgenossen im Fußballbusiness jener Tage.

Dabei hat er sich gern gegen diese Vereinnahmung gewehrt. Er habe sich keine Gedanken darüber gemacht, wie er damals auf die Straße gegangen sei, hat er wiederholt erklärt. Die Klamotte sei Sache seiner Freundin gewesen. Pure Koketterie? Mitnichten, sowas hat ein cooler Hund wie Günter Netzer schlichtweg nicht nötig.

"La Laque", Mönchengladbach, 1971

Mönchengladbach, 1972

Madrid, 1973

Ort unbekannt, 1970

Hamburg, 1978

Ort unbekannt, 1965

Günter Netzer: Über Style.

Herr Netzer, Sie gelten – ob Sie das wollen oder nicht – vielen Fußballfans als Stil-Ikone der 1970er Jahre. Wie wichtig war damals Aussehen, war Mode für Sie?

Ich lege größten Wert darauf, daß keine Strategie dahinter gesteckt hat. Es ist nicht geplant gewesen, mit diesem veränderten Aussehen im Vergleich zu anderen Fußballern Erfolge etwa auf dem Sektor Vermarktung zu erzielen. Das ist ein Lebensstil gewesen, den meine Freundin bei mir gewünscht hat. Ich bin dem gefolgt. Ich fand zum Beispiel, daß ich mit kurzen Haaren bescheuert aussah. Also wurden die Haaren länger. So banal war das. Ich habe mich gefreut, schnelle Autos fahren zu können, und ich habe schon früh einen Sinn für alle schönen Dinge des Lebens entwickelt. Ich habe das nicht als Eintrittskarte in ein Leben gebraucht, das mich absondert von anderen Fußballspielern.

Ihre langen Haare sind oft synonym gesetzt worden mit ihrem offensiven-kreativen Spiel – eine Idee, die Sie schon oft als „Blödsinn" abgetan haben. Mal anders gefragt: Wie oft waren Sie in der Langhaarigen-Zeit eigentlich beim Friseur?

Nicht seltener und nicht häufiger als mit kurzen Haaren. Die sollten ja nicht ins Uferlose wachsen. Aber es hat bei mir nicht so eine große Rolle gespielt. Der Friseur musste auch kein Künstler sein.

Wurde zu Ihrer aktiven Zeit eigentlich mehr gefeiert als heute?

Das kann ich nicht beurteilen, weil ich nicht weiß, wie heute gefeiert wird. So hoch, wie die Belastung für Profifußballer inzwischen ist, kann ihnen eigentlich nicht viel Zeit dafür bleiben. Die Anforderungen sind um ein Vielfaches höher. Wir haben aber auch nicht jede Gelegenheit genutzt, um exzessiv zu feiern. Das hat sich im Rahmen gehalten.

Halten Sie es für vorstellbar, daß ein aktiver Profi heute noch eine Diskothek führt – so wie Sie es damals in Mönchengladbach mit der „Lover's Lane" gemacht haben?

Nein, völlig ausgeschlossen. Da wurde ja schon zu meiner Zeit ein Drama draus gemacht, obwohl ich die Diskothek gar nicht selbst geführt habe, wie es mein Trainer Hennes Weisweiler befürchtet hat. Als ich ihm sagte, „Herr Weisweiler, übermorgen eröffne ich da drüben eine Diskothek, und Sie sind herzlich eingeladen", da hat er nicht etwa „Ja, ich komme" geantwortet oder „Nein, ich komme nicht". Er hat nur gesagt: „Das ist das Ende." Es war natürlich nicht das Ende. Ich stand nicht nachts um drei an der Kasse und habe kontrolliert, ob alles in Ordnung ist. Ich habe auch nicht mit den Menschen flaschenweise Wodka getrunken. Ich glaube, ich war nie in meinem Leben so seriös wie in dieser Zeit.

Sie galten und gelten auch als Freund schicker Autos, haben viele verschiedene Modelle besessen – verraten Sie uns Ihre Lieblingsmodelle und welches Fahrzeug Sie heute nutzen?

In der Sturm- und Drangphase habe ich natürlich meine Ferraris gehabt. Das war immer eine gehörige Portion Unvernunft, die aber auch zu meinem Leben gehörte, diese Begeisterung, schöne und schnelle Autos besitzen und fahren zu können. Heute habe ich einen wunderschönen Phaeton, den ich nicht missen möchte, und einen großartigen Audi RS 6.

Wie wichtig ist es Ihnen heute, gut angezogen zu sein?

Da haben meine Damen immer für gesorgt: meine frühere Freundin und meine jetzige Frau, die dafür verantwortlich ist, wie ich aussehe. Damit bin ich sehr gut gefahren. Ich kann es einfach nicht. Und ich habe auch kein Problem damit zuzugeben, daß ich es nicht kann.

Auf welche drei Symbole des guten Geschmacks sollte ein Fußballprofi nicht verzichten?

Äußerlichkeiten spielen da für mich keine besondere Rolle. Was wichtig ist, ist ein erstklassiger Charakter, der erkennbar sein muss. Ein außergewöhnliches Aussehen dient in der heutigen Zeit in Verbindung mit einem guten Fußballspiel vor allem dazu, einen gewissen Werbewert zu erzielen. Das ist aber nicht wichtig.

Interview: Stefan Hermanns

Mönchengladbach, 1971

München, 1982

Hamburg, 1979

Ort unbekannt, 1972

Mönchengladbach, undatiert

Mönchengladbach, 1971

Leon, 1970

Ort unbekannt, 1979

„Ich wusste gar nicht, was ich mit der ganzen Kohle anstellen sollte, die ich verdient habe", sagte ein ehemaliger Nationalspieler im Vertrauen neulich. „Jede Woche 'ne neue Karre kaufen, ging ja auch nicht." Also investierte er lieber in schicke Bekleidung, denn in seinem sündhaft teuren Auto wollte der Mann ja schließlich auch gut aussehen.

MODE

Geschmackvolle Fußballer sind schon immer bestrebt gewesen, möglichst schnell aus ihren verschwitzten Trikots herauszukommen, zu duschen und in etwas Schickes hineinzuschlüpfen – nicht zuletzt auch, um die Formen ihres gut geformten Körpers zu unterstreichen. Es gab aber auch immer Styler, die – hier etwa: Horst Hrubesch, Helmut Schön, Branko Zebec (Brille!) – unbewusst vorwegnahmen, auf was Hipster – darunter auch Fußballprofis – ein paar Jahrzehnte drauf in den Metropolen ganz heiß waren.

Bei allem Hang zur Sportswear und angesagten, farblich abgestimmten Headphone-Modellen ist in den letzten Jahren, nicht nur unter den Trainern an Champions-League-Tagen, ein Trend zum Anzug festzustellen. Auch modeln immer mehr Kicker, wie etwa David Ginola, Rio Ferdinand und David Beckham. Und vom einzigartigen José Mourinho weiß man, daß seine zweite Leidenschaft das Power-Shoppen ist.

Bobby Moore, 1971

Branko Zebec, 1983

Joachim Löw, 2011

Uli Hoeneß & Pal Csernai, 1981

José Mourinho, 2010

Edgar Davids, 2010

Paolo Maldini, 2008

Franz Beckenbauer, 1970

Liverpool F.C., 1996

David Ginola, 1996

Rio Ferdinand, 2012

Mesut Özil, 2013

Mesut Özil, 2007

Helmut Schön, 1974

Bechir Manoubi, 1978

Rudi Völler, Matthias Herget, Andreas Brehme, Egidius Braur, Felix Magath

Uwe Rahn & Thomas Berthold, 1986

Uli Stielike, 1998

Frank Lampard, 2006

Bob Marley, 1977

Jérôme Boateng, 2011

Horst Hrubesch, 1977

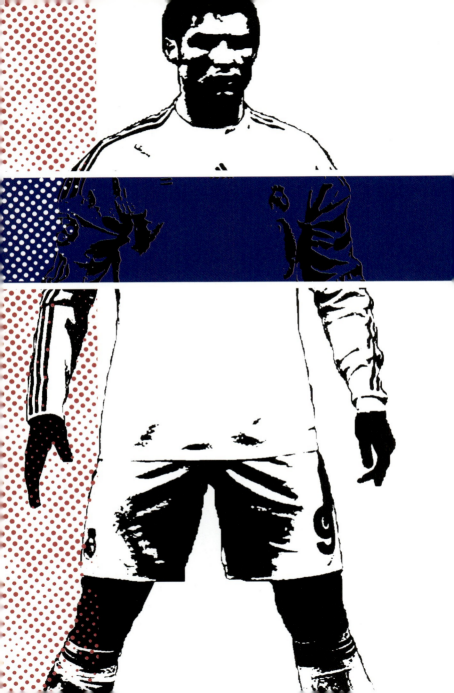

Cristiano Ronaldo macht es wie jeder gute Popstar. Er polarisiert. Die einen halten ihn für einen dämlich „neureichen Lackaffen", die anderen für eine Ikone des guten Geschmacks. Und die dritte, überwiegend weibliche, Fraktion bewundert ihn – nicht zuletzt wegen seines eindrucksvoll wohl definierten Sixpacks.

CRISTIANO

An sich ist der bestbezahlte Kicker der Jetztzeit mal ein ganz biederer, pickeliger braver Junge von der Blumeninsel Madeira gewesen. Und manche sagen auch, daß er zu seiner Zeit bei Manchester United noch zurückhaltend gewesen sei. Das änderte sich brutal, als er 2009 für die Rekordsumme von 94 Millionen Euro zu Real Madrid wechselte. Irgendwo kippte da der Schalter, Ronaldo nahm sich plötzlich sehr, sehr wichtig. Er nannte sich jetzt „CR7" und sagte, er sei „schön, reich und ein großartiger Fußballspieler".

Die Eitelkeit ist Ronaldo vom Scheitel bis zur Sohle anzusehen. Er inszeniert sich gern als glatter, ganzköperrasierter, gepflegter Gentleman und Geldbürger. Dabei, muss man ehrlich sagen, sieht er am besten immer noch in kurzer Hose aus, wenn er zu einem seiner unwiderstehlichen Sprints mit Torabschluss ansetzt. Das hat, gar keine Frage, wirklich Style.

Lissabon, 2008

Ort unbekannt, 2012

Manchester, 2003

Lissabon, 2004

Portugal, 2004

Los Angeles, 2008

Ort unbekannt, 2012

Madrid, 2013

Madrid, 2010

„Haare haben mich erregt", hat der 2012 verstorbene britische Friseur Vidal Sassoon, übrigens selbst ein ausgezeichneter Fußballer, einmal eingestanden. Der Sohn einer alleinerziehenden, mittellosen Mutter aus dem Londoner East End hatte früh erkannt, daß die Frisur viel über die Person darunter auszusagen vermag: Herkunft, Haltung, Selbstbewusstsein.

HAARE

Insofern unterstreicht die brav geföhnte Rundwelle stets die Provinzialität (z.B. Bielefeld, Kaiserslautern, Krefeld-Uerdingen). Und ließ der „Vokuhila" zu Beginn der 1990er-Jahre klare Rückschlüsse auf Geschmacklosigkeit und Prolldasein zu, ist er in seinen zeitgenössischen Spielarten längst mehr Miami als Rostock-Langenhangen. Eine Provokation für jeden Friseur bleibt gleichwohl der Minipli-Vokuhila, wie hier von Paul Gascoigne zu seiner Newcastle-Zeit vorgetragen.

Der klassische Irokese, wie man ihn ja vor allem aus den Fußgängerzonen unserer Städte in Kombination mit Dosenbier kennt, erlebt dieser Tage sein Comeback – gern auch beflockt oder als assymmetrisch, stufig geschnittene Variante á la Özil und Schweinsteiger. Dem entgegen hat sich der Style „Flach-Iro" nicht halten können. Nicht mal beim guten Christian Ziege selbst.

Ewald Lienen, 1981

Jörn Kaminke, 1979

Friedhelm Funkel, 1975

Stefan Effenberg, 1994

Roberto Baggio, 2004

Norbert Nigbur, 1971

Bobby Charlton, 1964

Leonardo Cuellar, 1978

Klaus Toppmöller, 1974

Carlos Vaderrama, 1994

Michael Eggert, 1978

Paul Breitner & Kevin Keegan, 1978

Paul Gascoigne, 1984

Frank Schulz, 1988

Chris Waddle, 1990

Mike Werner, 1995

Taribo West, 1998

Zé, 2010

Terry Hennessey, 1973

Sesa Mbaye Niang, 2013

Fabio Ferreira, 2012

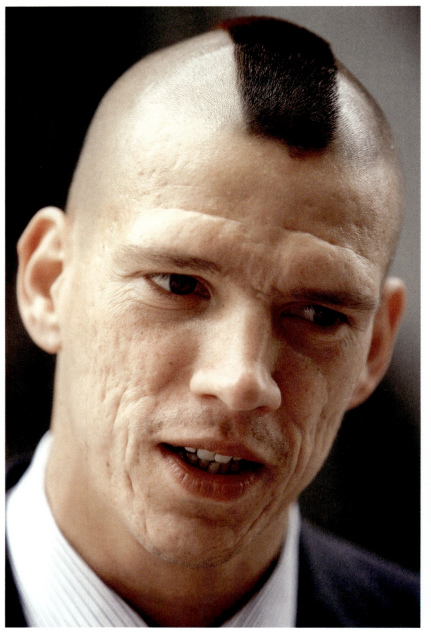

Bastian Schweinsteiger, 2004

Neben den Protagonisten auf dem Rasen dürfen in diesem Buch auch die der Tribünen nicht fehlen. Jene Menschen, die nicht nur ihr letztes Fred-Perry-Shirt, ihre Kutte oder Bomberjacke, sondern bisweilen eben auch ihren letzten Fetzen Haut für den Verein und sein Emblem hergeben. Wobei wir das fleischliche Opfer nach wie vor bevorzugt in britischen Breitengraden vorfinden – wo sonst schon korrespondiert die Blässe eines Oberkörpers so kongenial mit den ausgeblichenen Vereinstattoos? Nur auf St. Pauli, vermutlich.

FANS

Seit spätestens den 60er Jahren sind die günstigeren Tribünenplätze zu Bühnen geworden. Wo einst Kutte, nebst dem von Oma handgehäkelten, viel zu langen Schal auf dem Stehplatz ausreichten, ist inzwischen eine ganz eigene Art der Unterhaltungsindustrie entstanden. „Choreos", „Bengalos" und „Capos" bestimmen inzwischen auch in deutschen Stadien das Bild und einen Soundtrack, bei dem die Spontaneität gewichen scheint. So gehören sinnfreie Chants wie das berühmte „Wir wollen keine, woll'n wir nicht" oder das verhöhnende „Dietmarartzingerbolten, wir danken dir!" der Vergangenheit an. Ordnung aus Leidenschaft muss eben sein.

West Bromwich, 1935

Wembley, 2010

Dortmund, 2005

London-Highbury, 1980

Bogotá, 2011

Argentinien, 1978

Katar, 2012

Mönchengladbach, 2008

Laube im Ruhrgebiet, 1998

Wembley, 1953

Hamburg, 1990

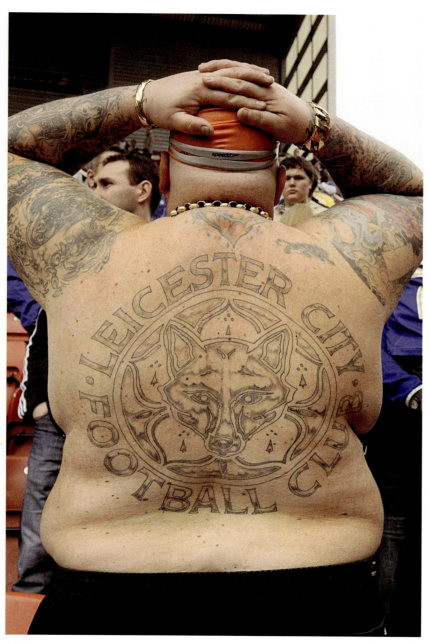

Stoke on Trent, 2008

Manchester, 2009

Auf dem Weg zurück nach Stuttgart, 1978

Natürlich hätte man die Karriere des David Beckham hier auch allein in Frisuren erzählen können. Kein anderer Fußballer hat je einen größeren Variantenreichtum auf seinem Kopf spazieren geführt als der Mann, der mit einem waschechten Spice Girl verheiratet ist. Oder man hätte alle Tattoos zeigen können, die den Körper dieser Ausnahmegestalt des Fußballs zieren – letzter verbriefter Stand übrigens: 33.

DAVID

Obwohl sowohl George Best als auch Beckham einen Arbeiterklassenbackground besitzen, könnten ihre Positionen unterschiedlicher kaum ausgefallen sein: Wenn Best der erste große Football Styler der Geschichte war, dann markiert David Beckham als Bests legitimer Nachfolger den Übergang von der klar männlichen zur metrosexuellen Stilikone.

Best stand immer für das klar definierte Programm „Fußball, Titten, Alkohol", Beckham proklamierte hingegen Werte wie Körperpflege, Familie, Verbindlichkeit. Außerdem angetrieben von seiner nur mäßig öffentlichkeitsscheuen Ehefrau entwickelte sich der freundlich-schüchterne Beckham zu einer globalen Marke. Da machte es zum Ende seiner Karriere auch nicht so viel aus, daß die Leistung hinterherhinkte. Massenhaft Trikots konnten Real Madrid, LA Galaxy, Milan und PSG auch so verkaufen.

London, 2002

Rio de Janeiro, 2000

Los Angeles, 2012

Peking, 2013

Los Angeles, 2013

London (mit Ehefrau Victoria), 1999

Tokio, 2004

Portugal, 2004

Kapstadt, 2009

Peking, 2013

© 2013 Spielmacher in der Edition Panorama GmbH
Alle Rechte vorbehalten | in Deutschland gedruckt und gebunden
© Texte: Thomas Lötz, Stefan Hermanns (Netzer-Interview) & Edition Panorama

Bildnachweise:
Cover: Pixathlon | Rückseite: Imago
Coddou: 253
Getty Images: 145, 164, 176, 220/221, 238/239, 275
Horstmüller: 50, 51, 86, 118/119, 127, 132/133, 140/141, 180/181, 209, 216, 217
Imago: 28/29, 42/43, 44, 45, 53, 54, 55, 60/61, 62/63, 64/65, 66/67, 70/71, 72/73, 74, 75, 76/77, 82/83, 87, 88/89, 96, 97, 98, 99, 100/101, 102, 103, 106/107, 108/109, 110/111, 112/113, 115, 120/121, 122, 124/125, 126, 135, 136/137, 138/139, 142/143, 144, 151, 152, 153, 154/155, 156, 157, 158/159, 161, 162/163, 165, 166, 167, 168/169, 170, 172/173, 174/175, 178/179, 186/187, 188, 190/191, 192/193, 194, 196/197, 198/199, 200/201, 204, 206/207, 211, 213, 214/215, 218, 219, 223, 224, 226, 228/229, 230/231, 232, 233, 234, 235, 240/241, 242/243, 246/247, 250/251, 254/255, 256/257, 258, 259, 260/261, 262/263, 266, 267, 268/269, 270/271, 272/273, 276/277, 278/279, 280, 282/283
Picture-Alliance: 16/17, 18/19, 177, 222, 225, 248
Pixathlon: 14/15, 22, 24/25, 26, 27, 30, 31, 32/33, 35, 36/37, 39, 46/47, 48/49, 58/59, 68/69, 80/81, 84/85, 90/91, 92/93, 94/95, 104/105, 148/149, 184/185, 244/245
Picture-Alliance:
Rzepka: 210
Witters: 20/21

ISBN: 978-3-95680-004-7
Konzept: Thomas Lötz
Bildredaktion: Reinaldo Coddou H.
Gestaltung: Oliver Kleinschmidt
Repro: EPS GmbH, Speyer
Druck: Passavia Druckservice GmbH, Passau
Bindung: Conzella Verlagsbuchbinderei GmbH & Co. KG, Pfarrkirchen

Spielmacher in der Edition Panorama GmbH
G7, 14 | D-68159 Mannheim

Kein Teil dieses Werkes darf in irgendeiner Form ohne schriftliche Genehmigung des Verlages reproduziert oder unter Verwendung elektronischer oder mechanischer Systeme verarbeitet, vervielfältigt oder verbreitet werden.

www.schöne-fussballbücher.de

Eine Produktion der spielmacher